# 今年の春は、とびきり素敵な春にするってさっき決めた

文・さえり
漫画／イラスト・山科ティナ



PHP
文芸文庫

○本表紙デザイン＋ロゴ＝川上成夫

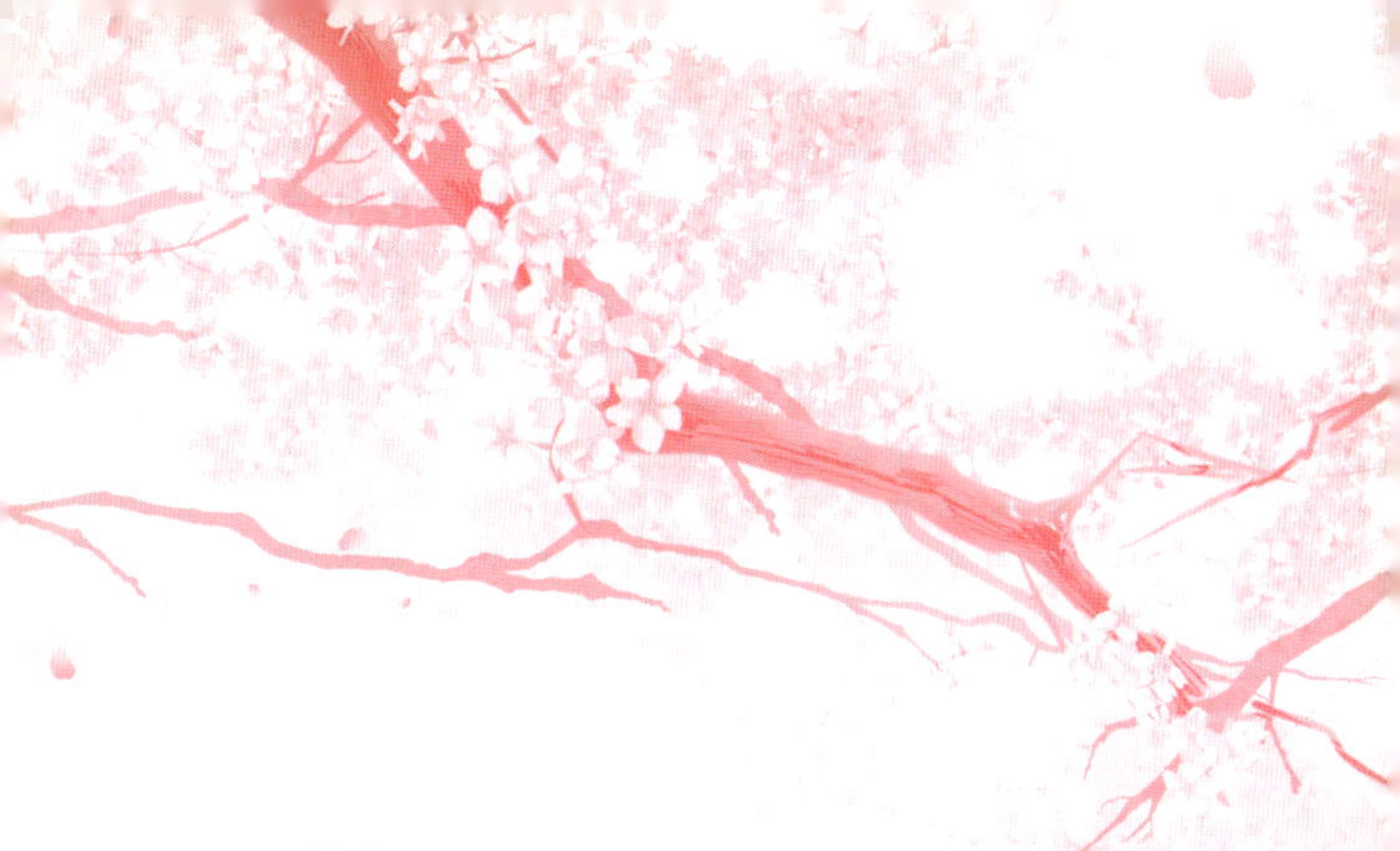

# 今年の春は、とびきり素敵な春にするってさっき決めた

文・さえり
漫画／イラスト・山科ティナ

朝、ベッドで眠る彼の上に座り
「おはよっ」と声をかけたのに全然起きないので
「遅刻するよ？　起きてー」って揺すってみたら、

無言のままゆっくりと体を起こし
抱きついてそのまま倒れこんできて。

「重いー！」ってジタバタしているその上で
くすくす笑ういたずらな彼、支給してください

おはよ！
z
むくっ
ちょっ、重い――!!
くすくす

## 140字の妄想世界にはいるその前に

「こんな恋があればいいのに」
「こんな展開になればいいのに」
心の奥底で、こんなふうに願ったことはありませんか？

わたしたち現代女子たちは恋を夢みる機会が減ってしまいました。現実がそんなに簡単ではないこと、待っていてもなにも手に入らないことを知り始めたからです（ディズニー映画でさえ、王子様が迎えにこなくなったくらいですから）。

好みの異性と図書館でたまたま同じ本に触れ合ったことから恋が始まったりしないのは知っているし、歩道橋の上で書類をばらまいてしまったのを集めていると最後の1枚を拾ってくれたのが昔恋していた先輩だった……って展開がないことも知っています。

でも、それでもわたしたちには時折「こうなったらいいのに」を夢みる時があります。理想の男性について考えを巡らせたり、こんな恋があるかもってありもしない妄想をしたり。

**だって、現実ばかりじゃ、疲れるんだもの。**

毎日毎日降りかかるいろんな事に対応していれば、恋なんて遠のいてしまうことだってあります。実際、世の中に「恋をしていない若者」が増えているというデータだって出ているほど。

忙しくなると「糖分の補給」をしたくなるように、心が枯れている時には「キュンの補給」をしたい。けれど、恋人はいない。そんな人もたくさんいるのではないでしょうか？（または恋人はいるけど、それとこれは別って人もきっとたくさんいますよね）。

**それなら、脳内で勝手にワンダフルな展開を想像して、キュンを補給すればいいのでは？**

……本書はわたしのツイートを書籍化していただいたものです。ほとんどみっちり１４０字、１００％事実無根でお届けしていたこのツイートが本当に書籍として世に出回って大丈夫？　と心配していたのですが、山科ティナちゃんがイラストを添えてくれるということで「それなら絶対にワンダフルになる」と、出版させていただくことになりました。

おかげで、イラストを見るだけで、糖分過多で頭に血がのぼるくらいラブリーな本に仕上がりました。ティナちゃん、本当にありがとうございます。そしてお話をくださった編集の小野さん、ありがとうございます。そしてなにより、１００％事実無根を楽しんでくださったフォロワーさんに感謝です。

いつもがんばっている女子たち。

１４０字の甘い展開で、糖分補給しようぜ。

さえり

（二〇一七年四月刊単行本より再録）

Contents

# 片想い

1

ノートに好きな人のフルネームを書いて、
横に自分の下の名前を書いてみたら赤面しちゃってすぐ消したのに、
下敷きをおいてなかったせいでシャーペンの跡が残っちゃって。

ウワアアって上から黒く塗りつぶしたら、
元の文字が白く浮き出てきちゃって
アァアアうわあぁぁぁ！　って慌てる授業中どこ

好きな先輩と歩いていると、
彼が急に無口になったので戸惑《とまど》って一生懸命話していたら
「ごめん、ちょっと考え事してた」って、くすくす笑われて。

「あ、邪魔でした⁉　すみません！」って謝ったら、
ぎゅっと抱きしめられて
「ううん、どうやったら嫌がられずにぎゅーできるか考えてた」
って言われる展開ください

好き同士なのにあと一歩踏み込めない彼とデートした帰り、
改札前で勇気をだして彼の上着を引っ張ってキスして
「おやすみ！」って言い残して改札を通ろうとしたら、
お金が足りなくてピーって鳴っちゃって。

真っ赤になってまわれ右したら
彼が笑いながら近づいてきてゆっくりキスしてくれる、
そういう夜どこ

ピタッ
グイッ

前を歩く付き合いたての彼の制服の裾《すそ》に
ゴミがついてるのに気づいて、
手を伸ばしてそっと取ろうとしたら
突然彼が振り返って
「え⁉　あっ⁉　ごめん！　俺もそう思ってた！」
って早口で言いながら手をぎゅっと繋《つな》がれて
「え⁉　あっゴミが」
「え⁉　あっ⁉」
って2人してテンパる高校生になりたい

チラッ
かぁぁ

男友達とカフェに行って2人でぼーっと外を見ていたら、
肉まんとピザまんを食べている途中で彼が一口ちょうだいって仕草をして
彼女側が食べさせてあげているカップルが通り過ぎていくのが見えて、

「俺もやりたいなー、あれ」
「誰と（笑）」
「お前とだよ、バカ」

ってやりとりして胸ドキ&バクしたい

# 告白

2

ＬＩＮＥに何度も
『会いたい』を打ったり消したりしていたら
『会いた』まで打ったところでスマホが落ちそうになって、
手が当たり「送信」を押してしまい、
慌てるわたし、即つく〝既読〟。

言い訳を考えるも思いつかずどうしようと思っていたら
『い』の返事。

っていう心高鳴る月曜ならいいのに
そんな相手がいな「い」

ジタバタ

すっごい疲れたから、
もう彼のそばでいろんな事わかんないふりして
「ほんとお前は俺がいないとだめだな」って冗談ぽく、
かつ愛情たっぷりな眼差《まなざ》しで微笑《ほほえ》まれたのちに、
少し目を細めて
「ずっとそのままでそばにいて」ってドラマでしか聞いたことないような
言葉をかけられる人生に転身したい頼むまじで

彼と一緒に夜道を散歩していたら、
彼がボソッと何か言ったので聞き返したのに、
じっと見つめてきたあと「なんでもない」と言われて。
「?」と思いつつ
再度歩き出そうとしたら手をグッと引っ張られて
「ごめん、なんでもなくない。……好き、です」
って言われて心臓ばくんってなる、そんな夜道どこ

大人になってあまりきちんと言わなくなったけど、
この人にはちゃんと告白したいと思い、
夏の少しすずしい夜道で
「なんというか、あの、好きです」って言ったら、
わざとらしくおどろいた顔で
「奇遇《きぐう》ですね、ぼくもです」って言われて、
一瞬の間を置いて２人でくすくす笑いあいたい

年下の彼に「好きです」と言われたので、
いじわるなきもちで
「どのくらい好きなの？」って聞いてみたら
「えっと」って考え込みはじめてしまい
「そんな考えなくても」って笑いかけたのにまだじっとしてるから
「もういいって笑」と頭を撫《な》でたら
「……すごい好きです」って真剣な上目遣いで言われる夜いいな

ハハ
もういいって笑

すごい好きです。
ムクッ

同い年の彼に「好きだよ」と言われたので、
いじわるなきもちで
「どのくらい好きなの？」って聞いてみたら
「こーんくらい！」って手を目一杯広げてくるので
「そんなんちょっとじゃん」
「じゃあ俺のことどのくらい好きなの」
「こーーーーんくらい‼」って手を広げた大きさ競って
きゃっきゃ笑う夜もいい

年上の彼に「好きだよ」と言われたので、
いじわるなきもちで
「どのくらい好きなの？」って聞いてみたら
「そうだなあ」ってちょっと笑って珈琲《コーヒー》を飲み
「君が思ってるよりもずっと」って言うので
「ほんと？」と聞くと、少し目を伏せて
「正直、困っちゃうくらいだよ」
って困り顔で言われるのも捨てがたい……

正直
困っちゃうくらい

## 妄想のはじまり

わたしは普段、ライターという仕事をしている。決して「妄想」と「ツイッター」が仕事なわけではない。

「どうして妄想を書くことにしたんですか？」とよく聞かれるし、たしかにわたしが読者だったり昔からの友人だったりしたら「どうして？」と同時に「お前どうした？」とも思うはずなので、きっとこの本を手に取ってくれた読者の方も「なぜこの人はこんなに一生懸命妄想をしているんだろう」と思ったはず。少しだけ、わたしがやばいやつじゃないということをお話しさせて欲しい。

わたしはもともと、編集の仕事をしていた。出版社でアシスタントとして働いたのち、ベンチャー企業に転職して、毎日めまぐるしく働いていた。

起床して、朝ごはんを優雅に食べて、ゆったり読書をしながら出社し、爽《さわ》やかに仕事をして、20時帰宅、その後はヨガに行き……、という生活は送れるはずもなく、「起きて息切れしそうなほど急いで準備、ダッシュで家をでて踏切の遮断機《しゃだんき》が降りる直前に必死でくぐりぬけ、会社に着いたらとにかく仕事。気づいたら終電」という生活……。

すると、働いてたった2ヶ月くらいで、だんだん「想像力」が死んでいくように感じた。

もちろん仕事では企画なども担当していたから、いろんなことを考える機会はあったけれど、基本的には目の前のことだけで必死。

これじゃまずい、と思って、通勤時間にあることを始めた。

それが「今ここに無いものを考えてツイートすること」だった。

はじめはファンタジーのようなツイートも考えていた。

このまま電車が上野（当時の勤務地）に行かなければいいな。でももしこのままおとぎの世界にたどり着いてしまったら、「おとぎの力を取り戻すには人間の娘の力が必要だ」とかなんとか言われておとぎ世界の戦争に巻き込まれてしまうかもしれない。それは困るので、やっぱり上野に着いて欲しい……とか、何かそのようなものを書いたりもしていた。

いろんなパターンを書いていて、ツイッター上で一番反応があったのが「恋愛系の妄想」だったのだ。ほら、わたしは編集者（現ライター）なので、読み手が望むものを書きたいと思う性質がある（と、言い訳させて欲しい）。

そこからは通勤時間に思いつくだけの恋愛系の妄想を書いた。そうして始まっただけであって、どうか妄想がとめどなく頭の中にあふれて、ついには脳内から飛びだし日々日々甘い展開を書いているような「マジでやばいやつ」だと思うのだけはやめて欲しい。

まぁ、そんなことを言っても、2年も書き続けているのでやっぱりやばいやつなのかもしれないな、とは自分でも思うけれど。

ちなみに、「妄想には実体験も含まれていますか?」とよく聞かれるけれど、「そんなわけなかろう」と思う。いや、これくらいワンダフルな体験をしてきた人生だったら良かったけれど、これらは残念ながら100パーセント事実無根の脳内産だ。あぁ、世知辛《せちがら》い。

# 歳の差

3

## 歳の差

「おかえり!」って飛びついてきた年下彼氏を抱きしめて頭をわしゃわしゃ撫で続けていたら「疲れたでしょ? お風呂はいったら?」って言いながらゴソゴソと服を脱がせようとしてきたので、体を離して「ばか」って怒ったら、上目遣いで「ちぇっ」って可愛くいじけてきて、はいウルトラキュートボンバー! って夜どこ

疲れたでしょ？
おフロ入ったら？
ちょっとー

スーツ姿の年上の彼が
「遅刻するよ?」と声をかけてくれるものの
「ヤダァ起きたくない」ってぐずっていたら
彼がベッドに座って「な、ネクタイねじれてない?」と聞いてきて。

起き上がってネクタイ整えてあげたら
「よし、起きたな」って頭を撫でられて
「やられたぁぁ」って悔しくなる朝、明日はください

ドキ
ドキ
ドキ

ムシャクシャしながら帰ったら、
年下彼氏が「おかえり」って迎えてくれたので、
抱きついて玄関で押し倒し
「うわっ」と驚く彼に、
上から「はい、ただいま」って笑いかけたのち、
頬《ほお》を包んでちゅーだけして体を起こしたら、
彼が「うわあ、どきどきした」とか言うから、
じゃあもっかい、って夜は今日も無し

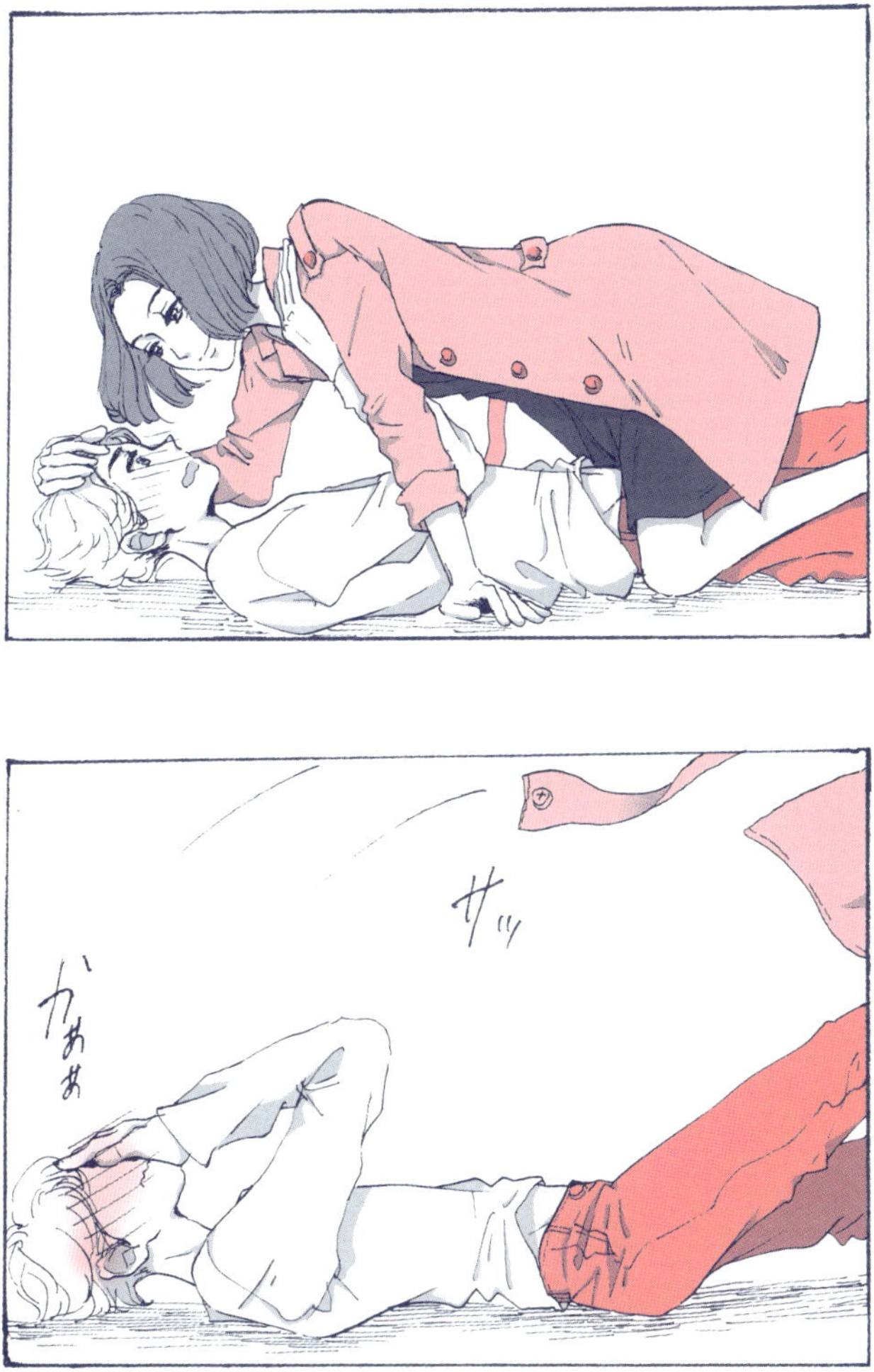
ザッ
かぁぁ

起きたら年下の彼が
「ね、こっちきて」と嬉しそうに呼んできて
「目玉焼き、きれいに焼けた」って嬉しそうにしていたので
「じょうず」って褒《ほ》めて彼の寝癖を撫でながら
「じゃあ……紅茶はわたしがやるから、この寝癖なんとかしておいで？」
ってくすくす微笑む朝じゃなかったんだけど、なんで？

モフ
モフ

ピョン
ははっ
……

仕事で疲れて帰ってきて、最寄り駅に着いたら
ゆるふわパーマをかけていて犬みたいな
かわいい年下彼氏が駅で待っていてくれて、
「おつかれさま」ってなでなでしてくれたあとに、
ガサガサとコンビニの袋からパピコを取り出して
「どーぞ」って笑顔で半分渡してくれたら、
もう一生文句なんて言わないのに

おつかれさま！

「先輩はどんな人が好きなんですか?」と聞かれ、
口が大きい人と答えたら、わざと口を大きく開いて
「ねえ、こんなかんじ?」
って顔でこっちを見てくる年下の男の子がいたら、
迷わず抱きしめて耳元で
「かわいい」って言って彼の耳を真っ赤にさせたいんだけど、
そういうミラクルな世界は今日も無しです

こんなかんじ？
ニーっ
スッ
ボソッ
かわいい

多忙で会えなかった年下の彼と久しぶりに会ったら、
人目を気にせず「さみしかった」と抱きついてきて
「さみしくて、ぼく死ぬかと思った」
なんて言うので思わず笑っていたら、
ムッとした顔で
「本当だからね」とキスしてきて、
そのあと照れ顔でそっぽ向いて
「早くいこ」って手を引っ張られる展開が人生に無い

ちゅっ

年上の彼と久しぶりに会ったので、
ひらひらと手を振りながら「久しぶり」ってえへへと笑ったら、
切なげな顔で「あー……」と声を漏《も》らしながら抱きついてきて
「すげー会いたかった」とか言うので、
なんかかわいいなと思っていたら
「こんなに会いたかったの俺だけ?」って
困った顔で覗《のぞ》き込まれるのもいい

ふわ
ギュッ
ふわ
ふわ

年下の彼にＬＩＮＥで
『あー』『いー』と送ったので、彼から
『うー』と返事があるかと思いきや
『たー』の返事があり
ちょっと考えた後、『い』を返したら、
今度は彼が『あー』『いー』と送ってきたので
3秒溜めて『してる』って返して
「なにそれ、ずるい」って言われたい皆さんいい夢を

はぁ…

年下の男の子の家に遊びに行ったら
CDの話をしているうちに距離が近くなって。
彼が真顔で「……隙《すき》、ありすぎじゃないですか?」
と、ゆっくり顔を近づけてきたので、
彼の唇に人差し指をあて「だーめ」と告げ、
再びCDに目を落としたら
「……ずるい、ぼくが好きなの知ってるくせに」
っていじけ声で言われる夏ください

……ずるい
僕が好きなの知ってるくせに
ドキ
ドキ

年下の男の子と家で飲んで、
妖《あや》しいムードもなく楽しんでいて
「お水いる?」って立ち上がった瞬間に、
後ろから不器用に抱きしめられ
「あの、好きです。すごく、好きすぎるんです」って告白されて、
「酔ってる?」って聞いたら、
「酔った勢いなんかじゃないです」
とか言われる、ＯＬに優しい展開ください

あの
好きです。
…すごく、
……好きすぎるんです。
酔った勢いなんかじゃないです
ギュッ

年下の彼と一緒に
部屋着のまま深夜のコンビニに出かけて、
2人で手を繋いで棚の間を通りながら
「これ美味《おい》しいよね」
「これ好き」
とか話してたら、一瞬店員の死角になったところで
グッと手を引っ張られて不意にキスされ、
「!?」ってなってるこちらをよそに、
にこにこと嬉しそうに微笑まれるやつ欲しい

ニコ
ニコ
!?

# 日常

4

「いってきまーす」と彼が玄関で言うので
「まって」って急いで向かったけど間に合わず、
急いでドアを開けてほんの数歩先にいる彼のところまで
「まってまって」って言いながら裸足《はだし》で駆け寄って
「ちゅーしてないいいいい」って文句言ったら
「なにそれ」って呆《あき》れ笑いしてくれる彼、拾ったら届けて

フッ
グイッ

ベッドに座っている彼に後ろから抱きついて
「前向いたまま聞いて」と告げ、
えっとね、えっとね、って溜めたあとに
「だいすきなの」って小さい声で伝えてみたら
「なにいまのかわいすぎ」って押し倒されて手首を摑《つか》まれ
「でも、ぼくのほうがもっと好きだよ?」って
上からふんわり微笑まれたい皆さん、今日もおつかれさま

だいすきなの〜っ

でも
僕のほうがもっと好きだよ?
スルッ

残業終わりにラーメンを食べに行ったら
会社の好きな先輩がいて。

肘《ひじ》をついてニコニコと
「へぇ、ラーメンとか1人で食べるんだ」
「食べっぷりがいいね」とからかってきて、
最後に耳打ちで
「ねえ、今度もっとうまいラーメン食いに行かない？」
って誘われるならいくらでも残業したい

コリ…

飲みすぎた夜、駅まで彼が迎えに来てくれて
「お迎えありがとおおお」と近づいたら、
不機嫌そうに「顔赤い、隙ありすぎ、心配した」と言い
ほっぺを軽くつまんで
プイッとそっぽ向いてしまったので
「ごめんね？」って腕絡《から》ませて
「酒くさい」
「ごめんねええ」って
キャッキャしながら家路につきたいんだけど現実は

えへへ〜っ

キャッ
キャッ

何か聞こえなくて「ん？」、
了解の代わりに「ん」、
こっちおいでの意味で「ん」、
手繋ごうの意味で「ん」、
頭撫でながらえらいえらいの意味の「ん」、
ほらはやくの代わりに「ん」、
ちゅーしよの意味の「ん」。

ん
ニャ

嫌なことがあった日、彼に抱きついたまま話していたら
だんだん泣けてきて、最終的に照れ隠しで
「なにこの変なTシャツ……」って彼に無駄にキレたら
心配そうな顔で「え、ダメかな……?」って真剣に聞いてくるので
「あ、ごめん、うそ、好き」って慌てて抱きついてるうちに
嫌なことを忘れちゃいたいOLの皆さーん

仕事をしていたら後ろから
「また眠くなってんの？」って抱きしめてきて
「しっかり仕事して？」って言いながら手をキーボードまで誘導して
「そう、えらいね」って笑ったあと
服の下からしれっと手を入れて
おなかまわりをくすぐってくるような彼がいれば
「ちょっとー」って笑って眠気も覚めるけど、1人だから眠い

へへ
ちょっと——っ

仕事終わりにうちに寄った彼にオムライスを作り、
彼が食べる様子を頬杖ついてひたすら眺め、
たまに「かわいい」って頭を撫でたり
「おいしい?」って聞いてコクコク頷《うなず》かれたりしたのち、
ごちそうさました彼に「うまかったー!」って抱きつかれて
「よかったー!」って頭わしゃわしゃする時間を買いたい

モグ
モグ
かわいい…
コク
おいしい？
完食！
うまかったー!!
キャッ

窓を開け、降りしきる雨をぼんやり眺めていたら、
彼が後ろから「どうしたの？」ってふんわりボイスで聞いてきたので、
外を見たまま「んー……」って生返事したら、
ふわっと抱きしめられて
「心変わり？」って可愛く聞かれて
「ばか、そんなこと心配してんの？」って
くすくす笑う展開が何故《なぜ》ないのか誰か知ってる？

ガーッ
ボソッ
…心変わり？

長期の海外旅行から戻った日、
彼が空港まで来てくれて笑顔で
「おかえりー！」と迎えてくれたので
「ちょー楽しかった！」って連呼してたら
「よかった！」って笑った後ぎゅっとされて
「でも、俺は寂しすぎて死んでたよ？」って言われたら、
旅行の締めくくりとしてそれほど完璧なものはないと思いません？

でも俺は寂しすぎて死んでたよ？

同棲するなら寝室は別々が理想。
お互い自分の部屋があって、
休日、手先の器用な彼は部屋でなにかを創ったりしていて、
わたしも部屋で好きな音楽を聴いて、
「おじゃまします」って言いながら彼の部屋に紅茶持っていって、
夜中になったら
「ね、今日はここにお泊まりしてもいい？」って聞くって
前世から決めてる

コンコン
ね、今日はここにお泊まりしてもいい？

彼がずっと携帯をいじっているので、
最初は大人しく待っていたんだけど
だんだん飽きてきてしまい、
背中に顔をこすりつけてみたりお腹をプニッとつまんでみたりしていたら、
彼がくるっと振り返って「おりゃー」ってくすぐってきて
「ヤダヤダやめてー」ってきゃっきゃ笑いあう、
そんな夜とは対照的な地下鉄なう

ぷにっ
おりゃーっ
ヤダヤダ
やめてーっ

彼に昨夜の夢がどれだけ怖かったか真剣に話していたら、
こっちを見つめて頬杖ついて微笑んだまま、
なにも言わなくなったので
「あっ！　くだらないとか思ってるんでしょう！
本当に怖かったんだから」と言ったら
「ああ、いや、かわいくて見とれてた」って言われて、
一瞬で静かになりたい

ああ
いや、かわいいなと思って見てた

夜、本を読んでいたら
年下の彼がお風呂上がりのふわふわの髪で抱きついてきて、
太ももの上に頭を置いてスヤスヤ眠りはじめたので、
片手に本、もう片方の手で彼の髪の毛を撫で
「なんか犬みたい」って小さく呟《つぶや》いたら、
彼がむくっと起きて「これでも、犬?」って
色っぽくキスしてくる展開カモンベイベ

ふわ

ちゅっ

部屋で、各々好きな飲み物を片手に好きなことをして、
たまにかかってる音楽に対して
「これ好き」
「ぼくも」
とかポツンと会話を交わして、
どちらかが飽きたら後ろから抱きついて
「なにしてんの？」
「んー？　ないしょ」ってキスして各々タイムを終了させる……
っていう自由と安心が混在する日曜日を夢みている

これ好き
僕も
ー1時間経過ー
ー3時間経過ー
今何してんの？
……
ナイショ

# 恋人と過ごす時間

わたしは恋愛体質ではない（と、自分では思っている）し、恋人がいなくても楽しく生きていられるのだけれど、それでもやっぱり、恋って最高だよな、とよく思う。

恋しただけで、世界は急に輝いて見える。

好きな人ができた途端《とたん》、その人は頭の中に住み始める。普段から「いま、なにしてるのかな」と考えるだけでなく、ショッピングをする時にも「どっちが好きかな」と考えるようになるし、映画の予告を見て「これ誘ってみようかな」と思う。なんてことないＬＩＮＥのやりとりに心躍らせることもできるし、言葉の一つひとつがそれまでよりも意味を持ち始める。

今まで過ごしていた日常たちが、急に態度を変えて華やぐあの感覚。

……どう考えても、最高だ。

「はじめに」で書いたように、恋をする若者はどうやら減っているらしい。

まわりにも、恋を面倒臭がる人たちはたくさんいる。

理由は様々で、「一喜一憂《いっきいちゆう》したくない」「デートでどぎまぎするのが疲れる」「付き合うまでの過程が面倒」などなど、「恋、最高！」と思っているわたしにはにわかに信じがたいものばかり。

たしかに恋愛は、楽しい瞬間だけではない。自分が自分でないように感じるほどみっともない事態になったり、恋人の挙動で地獄に落ちたくらいにつらくなったり、ややこしい話し合いが必要になったり。

でも、そういうなにもかもをひっくるめても、恋がない生活よりは恋がある生活のほうがわたしは素敵だと思う。一人で生きているより、誰かと生きるほうが楽しいもの。物理的にも精神的にも豊かになる。

若い時にしかできない恋はたくさんあるのだから、もっとその時間を楽しんだらいいのにと思う。

思いきり「好き」と伝えてみる、会いたいと駄々《だだ》をこねてみる。
そのどれもが、あとから思い返せばとびきり美しい瞬間として心に残りつづける。

後悔をすることがあっても、後悔も思い出もない人生よりいいんじゃないか？　多少「若気の至り」という言葉に甘えてもいいんじゃないか？

いま恋をしている人、恋に臆病《おくびょう》になっている人、恋を億劫《おっくう》だと思っている人。

恋愛しないからってダメなわけじゃないけれど、恋愛一つで見える世界を変えるような時間の楽しみ方もあってもいいんじゃないかな。

# デート

# 5

デート中に彼の横顔を見たら急に、
彼の気持ちがどこにも行かなければいいなとか思えてきて
考え込んでしまい。

「どうしたの？」と聞かれたので
「もっと好きになってくれたらいいのに」と伝えたら
驚いた顔のあとに
「そういうところ、ほんとに好き」ってぎゅーされる、
そんな夢すらみられなかった

もっと、
ぎゅっ…
好きになってくれたらいいのに。
ぐっ
そういうとこ本当好き

彼との初デートでたこ焼きを食べていて
「一個ちょうだい」と言われ、
緊張しながら口元に運んだ瞬間、
手元が狂ってボトッと落としてしまって。
「あ〜〜‼」って2人でハモって、
そのことに涙出るくらい笑ってからパッと顔上げたら、
彼が優しい顔で「やっぱ好きだな」って言ってくれる
甘い初デートするの忘れた

やっぱ好きだな
ボソッ
ポロッ

ゆるふわパーマの彼と映画館に行き、
上映中に手をつながれて
手の甲にちゅーされたり、首筋に顔を近づけられたり、
たまに袖を引っ張られて顔を向けたらちゅーされたりして、
「もー集中して?」って軽く怒って
「だって……」ってシュンとされたいんですけど
そんなワンダフルハピネス映画館チケットどこで買えます?

ちゅっ
……
ボソッ
もー、集中してっ
…だって
シュン…
カワイイ…。

空いてる電車に彼と乗って
視線でちゅーをねだったけど、
ちらっと目を合わせて「だめ、しない」と言うので
「じゃあがまんする」と向かいの窓に映る自分たちを眺めていたら
彼と窓越しに目があい、途端「やっぱり」とちゅーしてきて
「ごめ、俺のが我慢できなかった」っていう電車って何線ですか？

だめ、しない。
じゃあガマンする!!
ごめ、やっぱり我慢できない
!!

好きな人と緑道《りょくどう》を散歩しながら彼をチラ見したら、
彼もこっちを見ていたので
「見ないで」と笑うと、立ち止まって
「満月だし、キスでもする?」って言ってきて。
「ふざけないでよ」と茶化すと、腕を引っ張られて
「全然ふざけてないんだけど」と色っぽい声で言われる……
そんな日に備えて明日も生きたい

全然 ふざけてないんだけど。

事情があって会えなかった彼と再会して、
ばかって泣いても、
あほって叩いても、
もう嫌いって言っても
ヨシヨシしてくれるから調子に乗って、
ばかあほどじまぬけもうどっか行っちゃえ！　って言ったら
「どっか行っていいの？」って聞かれて、
慌てて「やだ」って抱きつくのやりたい

ばかっ
アホッ
もうどっか行っちゃえ！
どっかいっていいの？

切りすぎた前髪が気に入らず、
ちょっとうつむきながら彼とデートしていたら、彼が
「なんか今日元気ないね？」と言うので
「前髪、切りすぎちゃって」って白状すると、心底驚いた顔で
「え、俺すげかわいいと思ったけど」って言ってくれるので、
前髪触りながら
「ぜったいうそ、うそだうそ」と照れ隠しする予定だけはある

え、
俺すげかわいいと思ったけど
うそだうそ
…カワイイ

喧嘩《けんか》中の彼から『今日時間ある？』って連絡が来たので、
別れ話かもしれないと緊張しながら待ち合わせ場所に行ったら
彼が「ん」ってチケット2枚差し出してきて
「映画観るよ」とだけ言って手を引っ張ってきた、
その不器用さが愛《いと》おしすぎて
繋いだ手の甲にキスして仲直りする夏がほしいけど喧嘩する人がいない

スッ
スキッ
…

# 四季

6

お互い好き同士なのに一歩進めない２人が
つまらない飲み会を抜け出して、
くすくす笑いながら走って公園までたどり着き、
女の子が「あー、ほんとつまんない飲み会だったね！」
と笑顔で言うのを聞いて
「俺といるのは、たのしい？」って言いたい気持ちを
サイダーで飲み込む男の子が似合う夏の夜ください

あーあ
ほんとつまんない飲み会だったね！
はぁ…
はぁ…
たのしい？
……
キャ
キャ
ゴクン
ゴク
ゴク
？

さむい……帰りたい……。
すでにお布団《ふとん》に入っている彼が、わたしの姿を見て掛け布団をぺらっとめくり、空いてるスペースをトントン叩きながら
「おいで」って言うので、
潜《もぐ》ってすぐに首筋とかに手を当て
「くらえ、ひえひえ攻撃！」
「うわ、つめた！　やめろ！」
ってキャッキャする布団の中に帰りたい……

おいで
ポンポン
つめた!やめろ!

好きな人と行く花火大会っていいよね。
人ごみの中で手を繋いで
彼の後ろ姿だけ見て歩いていくあの時間や、
花火が上がるたびに明るくなる彼の横顔をじっと見つめる時間、
帰りの電車の中で「満員だね」ってぎゅっと抱きつく時間もいい。
好きな人と行く花火大会っていいよね。
行ったことないけど

トーン
ジーッ
ドキ
ドキ

好きな人との花火大会のために浴衣を買いに行き、
かわいい系と大人系の2枚とも試着して
「どっちがいい？」って女友達に写真を送ったつもりが
間違えて彼に送ってしまい。
彼からの「両方可愛すぎなんだけど……」に混乱して
2枚とも買ったことを白状し、
彼と2回花火行くっての思いついたけどどう？

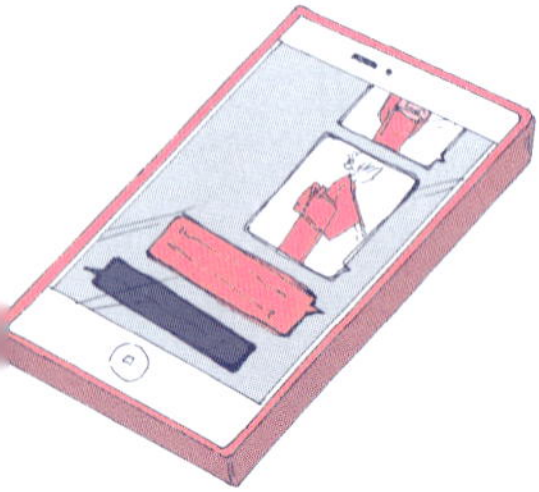

かわいい…
ドギマギ
ドキ
ドキ
モジ
モジ

キ
サ
♪
パチ

好きな人と線香花火したい。
「俺、負けない」とか言ってた彼が
勝負にならないくらいの早さで終えてしまい、
その後まだパチパチ続けているこちらを笑わせてきて。
我慢できずに笑ってしまったせいで、線香花火がポトッと落ちて、
笑い声がふと止んだその暗闇と静寂の一瞬の息継ぎにアッ。
みたいな夏欲しい

ちゅっ……

みんなで宅飲みしていて、
お酒追加で買いに行こうって好きな彼と2人で夜道に出て、
ビニール袋をシャリシャリ鳴らしながら帰っていたら
突如好きの気持ちが溢《あふ》れてきて、
夏の湿った夜道で「好き」と告げて
「……ばか、俺が先に言いたかった」
ってそっぽ向いて言われる青春通ってくるの忘れた

…ばか
俺が先に言いたかった。

夏になったら、彼と手をつないで深夜のコンビニでアイスを買って
「グリコ」のじゃんけんをしながら帰りたい。
それで少し飽きたころ、ルールを無視して後ろにいる彼に向かって
「パイナップル」の６歩で抱きつきたいし
「ルール無視じゃん」と笑う彼に
「なんでもいいでしょ？」と笑いかけたい。
頼むよ、夏

ぴょん
パ
イ
ナッ
プ
ル!
ルール無視じゃん
えへへ
なんでもいいでしょ?♡
ギュッ
タッ
タッ
タッ
タッ

喧嘩して
『今どこ?』
『言わない。来ないで』
ってやりとりしたのに、
彼が勘だけで居場所を探し当てて目の前に現れ
「なんで」って問いつめるつもりが笑えてきて
「ここまでするなんてどうかしてる」って呆れ笑いしたら
「俺もそう思う。でも好きで」って言われて
2人で冷たいアールグレイでも飲みたい夏だな

はぁ…
はぁ…
ここまでするなんて どうかしてる
はぁ…
はぁ…

# 妄想すること

わたしの好きな言葉にこういうものがある。

「人間が想像できることは、人間が必ず実現できる」

この言葉は、『海底二万マイル』などを書いたフランスの作家・ジュール・ヴェルヌの言葉だ。

もうひとつ、この言葉も好きだ。

「存在するものだけを見て『なぜそうなのか』と考える人もいるが、わたしは存在しないものを夢みて『なぜそうでないのか』と考える」

こちらは『マイ・フェア・レディ』の元となる戯曲『ピグマリオン』を書いた劇作家・バーナード・ショーの言葉。

この本には恋愛系の妄想しかないけれど、恋愛以外だって妄想はできる。

ここにこういうものがあったらいいのに、とか、こういう人がいたらいいのに、とか。もっと現実に即した妄想なら、こういう仕組みがあったらいいのに、とか、こんな生き方ができたらいいのに、とか。

こういうふうに「夢みること」はどうも笑われがちだけれど、「夢みる力」も本気になればある程度は役にたつし、すごいところまでいける。

だいたい世の中に新しく生まれる会社やサービスなんかは全部、もともと「妄想」から始まっているはずだ。もっとこうなったらいいな、と考えた人たちが、本当にそれらを形にする方法を知った時（またはそういう仲間ができた時）、妄想は妄想だけにとどまらず、現実に飛び出てくる。

わたしだって、妄想を続けているうちにそれが「書籍」になるなんて、思ってもみなかった。

書籍を出すのは昔からの夢だったけれど、一人じゃできなかった。読んでくれている人たちと、協力してくれた人たちがいるから、わたしの妄想は書籍になった。ただただ夢をみていたら、（まぁもちろん夢みたようなゆるふわパーマの彼とは出会えていないけれど）、いつのまにかこういう形で現実に素敵な展開が現われた。

「夢みる力」のその先にあるこの本をいま手にとってくれている人たち。

どうか夢みることをバカにしないで。そして、口に出すことを恐れないで。

頭の中にあることは誰にも知られずに消えていくしかないけれど、現実に紡いだものはなにかを連れてきてくれるかもしれないから。

# 夜

7

シャワーのあと、
「髪の毛乾かして」ってお願いしてみたら
「えー」とか言いながらも乾かしてくれて、
徐々に楽しげに「髪の毛細い、しかもいい匂いする」なんて言い出すので
恥ずかしくなってきて、自分でやるって言おうとしたら
ドライヤーをとめて、静寂の中で
「これから毎日、俺にやらせて」って耳元で囁《ささや》かれる夜ください

ヴォオオオ

ヴォオオオ

鏡の前でピアスを外していたら、
お風呂上がりでドライヤーかけたてのゆるふわパーマの彼が後ろから抱き
ついてきたので、
前向いたまま「なーに？」って聞いたけど返事がなくて。

「？」って振り返ったら軽くちゅーされて
「これ、待ってた」ってシャンプーの匂いさせながら
ゆるっと微笑まれるぐらいの甘い展開、どこにあるの

ちゅっ

付き合いたての彼が後ろから抱きしめてきて
「ぼくの、なんだね」って嬉しそうに言うので
「そうだよ?」って答えてみたら
「ぼくの……」と何度か繰り返したのち
「うれしすぎてもう、なんかダメになりそう……」とか言ってきて
「はぁー?　なにそれぇ」って笑いあう夜ください

ぼくの…
ぼくの…っ
ぼくの…っ
……うっ
?
んっ?
う、うれしすぎて
もう…
ぼく、
ダメになりそう…

飲み会中に好きな人が
「みてみて、これどう思う?」って携帯見せてきて、
「なに?」って覗き込んだらメモ帳画面に
『2人で抜け出したいんだけどダメ?』って書いてあって。

驚いて顔見たら彼がいたずらっぽく笑うので、
画面を指差しながら
「わたし、結構好きかも」とか言って
彼が「俺もー」って言う、共犯的な時間過ごしたい

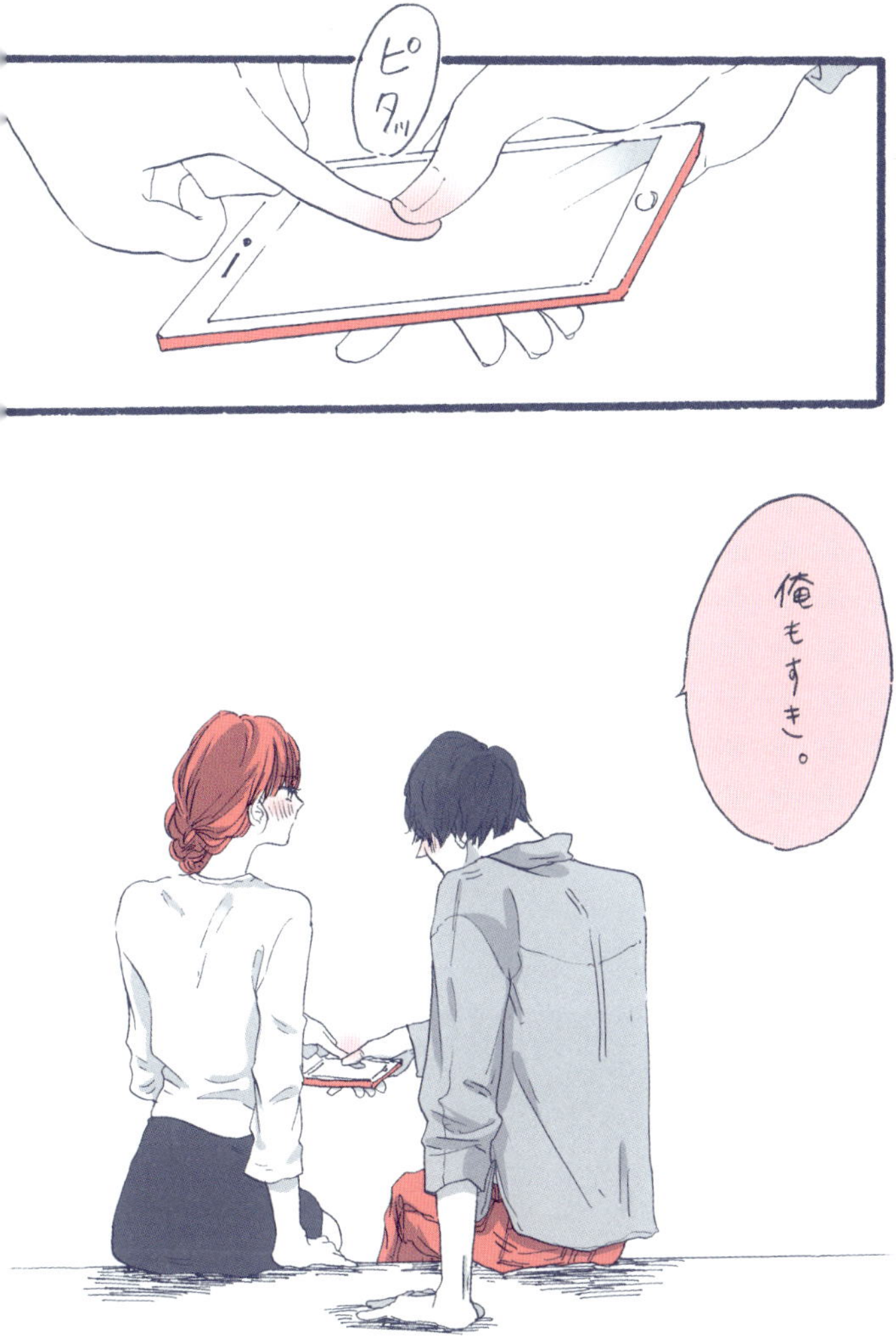
ピタッ
俺もすき。

昨晩、先にお布団に入っていた彼が
「ん」って手を伸ばしてきたので、
飲んでいたお茶を渡そうとしたら
「そうじゃなくて……」と、腕を摑まれて。
促《うなが》されるままお布団に入ったら、
後ろからふんわりぎゅーされて
「そ、ぼくがほしいのはこっち」
って眠そうな声で言われてもうふにゃふにゃって記憶に改変中

そ
僕がほしいのはこっち
ムニャ
ムニャ

寝る前に一緒に洗面所で歯磨きをしていたら、ふと彼が
「あー、おなかまわり太ってきたなあ」と言うので、
後ろから手を回しておなかあたりをむにむにして
「やめいっ」って怒られながらも、むにむにし続け
「こらっ」って怒られてきゃっきゃするやつやりたい

コラ
えへへ

「星を見よう！」って遠くまで車できて、
シートをしいて寝転がった途端、彼が
「あ、寒くない？」
「あ、珈琲取ってくる！」
と気遣って車に走ってくれて。
その姿に愛おしさを感じつつ、
三度目に「あっ」と起き上がった時は、
そっと押し倒して軽くキスして
「大丈夫だから、星、見よ？」っていう彼女になりたい

あ
タッ
あっ
ぷっ
あっ
え、またっ？
ちゅっ
大丈夫だから

前、星が好きって言ったら
「へえ」と興味なさそうだった彼が、
デートの帰り道に空を指差して、
「あの赤い星がベテルギウスっていうんだって。
……あれしか覚えらんなかったけど」って言い出したので、
本当は知っていたけど「知らなかった」って言いながら
背伸びしてキスして
「覚えとく」って微笑む夜と彼くださいい

ちゅっ

急に寂しいきもちになって、
でもそのきもちをあんまり見つめるとたまらなくて走り出しそうなので
息を吸ってしずかに空を見たら、我慢できない理由を見つけた。
会いたい人のところまで駆けていって、
なんで、と驚く彼に
「満月だったから、わたしにもわかんない」って笑えばいい。

全部月のせい

はぁ…
はぁ…
いや、満月だったから
はぁ…
ふふ
カワイイ

家に帰ると、
彼が電気もつけずに廊下に座り込んでいて
「遅いよ……おなかすいたよ俺……」と上目遣いで言うので
「びっくりした！　せめて電気くらいつけてよ」と言うと
「そんな元気ない……」ってふらふら起き上がって抱きついてきて
「おかえり」と耳元で力なく囁く想像のあたりでよだれ出てきた危ない

おかえり
ドキ
ドキ
ドキ
ドキ

最後までこの本を読んでくださって本当にありがとうございました。
読み終えて、今どんな気持ちでしょう？

にやにやしている？
糖分過多で、胃もたれしている？
なんだったんだこれは……と呆然としている？

わたしは自分がこの本を出すにあたって再度妄想を読み返していただけで、生クリームたっぷりのどでかいパンケーキを食べた後みたいにもたれてしまったので、みんなのことも心配しています。……大丈夫ですか？

本書は、売れまくっている自己啓発本や、ビジネス本のように、「心を変えてより良く生きるためのありがたい教え」も、「明日から使えるお役立ちハウツー」も書かれていません。

書かれているのは、今ここにない（そして未来でも起こるかどうか怪しい）出来事と、悶《もだ》え死ぬようなイラストだけ。

でも、その甘い展開たちが、チョコレイトを食べたときのようにほんの少しでも心をほぐしてくれて、「よし、仕事がんばろっかな」とか「勉強がんばろっかな」と思うエネルギーになれたなら、わたしにとってそれ以上に嬉しいことはありません。

ゆるふわパーマの優しい彼も、髪を撫でる細い指も、ゆるっと腕まくりされた白シャツから見える腕の血管も、ボタンを二つ外したシャツから見える鎖骨《さこつ》もここには無いけれど、頭の中でいつでも思い描くことはできます。

妄想なら、どこにいても糖分補給が可能。チョコレイトのように太ることもなし。

これからも、この本の「妄想」ががんばるあなたの糧《かて》になりますように。

最後に宣伝を。

妄想以外も書いているツイッター（@N908Sa）を、どうぞこれからもよろしくお願いいたします。

最後まで読んでくださって本当にありがとうございました。

そして、素敵なイラストで胸キュンを促進してくれた山科ティナちゃん。

本当にありがとうございました。

さえり

「おやすみ」

スヤ
スヤ
スヤ

文
**さえり**
フリーライター。大学卒業後、出版社とIT企業で編集者として勤務した後、独立。2015年末頃からTwitter（@N908Sa）で不定期に「妄想ツイート」を投稿したところ話題となり、多くの共感を呼んだ。現在、SNSのフォロワー数は計22万人を超える。「夏生さえり」の名前で、取材、エッセイ、コラム、シナリオなど、主に女性向けの作品で幅広く活躍する。
著書に、『今日は、自分を甘やかす～いつもの毎日をちょっと愛せるようになる48のコツ』（ディスカヴァー・トゥエンティワン）、『口説き文句は決めている』（クラーケン）、『やわらかい明日をつくるノート～想像がふくらむ102の質問～』（大和書房）、『揺れる心の真ん中で』（幻冬舎）がある。

漫画／イラスト
**山科ティナ**（やましな　てぃな）
漫画家、イラストレーター。10代で「別冊マーガレット」（集英社）にてデビュー。現在女性を中心にSNSで人気を集め総フォロワー数は13.5万人。
著書に『#140字のロマンス』（祥伝社）などがある。雑誌「ar」（主婦と生活社）にて漫画『ショジョ恋～#処女のしょう子さん』を連載中。

●デザイン
株式会社サンプラント

波澄智子

この作品は、2017年５月にPHP研究所から刊行された。

PHP文芸文庫　今年の春は、とびきり素敵な春にするってさっき決めた

2020年3月19日　第1版第1刷

| | |
|---|---|
| 文 | さえり |
| 漫画/イラスト | 山科ティナ |
| 発行者 | 後藤淳一 |
| 発行所 | 株式会社ＰＨＰ研究所 |

東京本部　〒135-8137 江東区豊洲5-6-52
第三制作部文藝課　☎03-3520-9620(編集)
普及部　☎03-3520-9630(販売)
京都本部　〒601-8411 京都市南区西九条北ノ内町11

PHP INTERFACE　https://www.php.co.jp/

| | |
|---|---|
| 組版 | 朝日メディアインターナショナル株式会社 |
| 印刷所 | 株式会社光邦 |
| 製本所 | 株式会社大進堂 |


　ISBN978-4-569-90000-1

PHP文芸文庫

# 桜風堂ものがたり（上・下）

村山早紀 著

勤めていた書店をある「万引き事件」がきっかけで辞めることになった月原一整。彼は田舎町の小さな書店で、大きな奇跡を起こしていく……。

PHP文芸文庫

# 独立記念日

原田マハ 著

夢に破れ、時に恋や仕事に悩み揺れる……。様々な境遇に身をおいた女性たちの逡巡、苦悩、決断を切り口鮮やかに描いた連作短篇集。